챗GPT가 들려주는
사랑과 위로의 메시지

챗GPT가 들려주는 사랑과 위로의 메시지

초판 1쇄 발행 2023년 9월 11일

지은이 차샘물
펴낸이 장길수
펴낸곳 지식과감성#
출판등록 제2012-000081호

교정 김지원
디자인 정윤솔
편집 정윤솔
검수 이주연, 이현
마케팅 김윤길

주소 서울시 금천구 벚꽃로298 대륭포스트타워6차 1212호
전화 070-4651-3730~4
팩스 070-4325-7006
이메일 ksbookup@naver.com
홈페이지 www.knsbookup.com

ISBN 979-11-392-1321-8(03810)
값 12,000원

- 이 책의 판권은 지은이에게 있습니다.
- 이 책 내용의 전부 또는 일부를 재사용하려면 반드시 지은이의 서면 동의를 받아야 합니다.
- 잘못된 책은 구입하신 곳에서 바꾸어 드립니다.

지식과감성#
홈페이지 바로가기

챗GPT가 들려주는
사랑과 위로의 메시지

차샘물 지음

사랑의 바다에 풍 빠져보실래요?

프롤로그

이 책은 챗GPT가 전하는 사랑과 위로의 이야기로 가득한
책입니다. 챗GPT는 말 그대로 인공지능이지만,
그 안에는 우리의 감성과 이해가 담겨있습니다.

이 책은 우리의 삶 속에서 사랑과 위로가
얼마나 중요한 역할을 하는지를 탐구하고,
우리에게 희망과 용기를 안겨줍니다.

사랑은 인간의 본성이자 가장 아름다운 감정 중
하나입니다. 그 안에는 따뜻함, 이해, 배려, 연결, 희망과
같은 가치들이 함께 녹아있습니다.

사랑은 우리를 위로하고 치유하며,
세상을 아름답게 만들어주는 힘이기도 합니다.

이 책은 사랑의 다양한 모습과 힘을 담아내며,
사랑이 우리에게 주는 위로와 용기를 전달합니다.
우리는 사랑의 힘으로 인해 상처받고 아픈 순간들을
극복하고, 더 나은 세상을 향해 나아갈 수 있습니다.

여기에는 사랑의 여정과 성장,
그리고 변화와 도전을 통해 우리가 행복을 찾아가는
이야기가 담겨있습니다.

이 책을 통해 우리는 서로를 이해하고 받아들이며,
사랑의 힘과 위로를 나누는 소중한 순간들을
경험할 것입니다.

이 책은 당신의 마음을 따뜻하게 만들고
희망을 안겨줄 것입니다.
이 책을 통해 우리는 서로를 사랑하고 위로하며,
세상을 아름답게 바라보는 새로운 시각을 얻을 수 있을
것입니다.

이 책이 여러분에게 사랑과 위로를 전달하고,
행복과 희망을 심어줄 수 있는 동반자가 되기를 바랍니다.

목 차

프롤로그   4

1장 사랑, 그 풍부한 존재의 의미   9

2장 행복한 연인들에게 보내는 사랑의 메시지   17

3장 사랑에 상처받고 아파하는 이들에게   23

4장 사랑과 용서, 상처받은 마음을 위로하기   29

5장 사랑의 깊은 곳에서 찾아낸 자아성찰과 성장의 기회   35

6장 토끼를 사랑한 고슴도치 이야기   41

7장   시련의 밤을 이겨내며 별빛을 향해 나아가기   47

8장   세상과 소통하는 사랑의 연주   53

9장   변화의 파도를 거스르는 도전   61

10장   사랑하는 눈으로 바라본 아름다운 세상   71

11장   위대한 쇼맨, 편견에 맞서는 용기   77

12장   사랑의 희망과 미래   85

에필로그   97

1장

사랑,
그 풍부한 존재의 의미

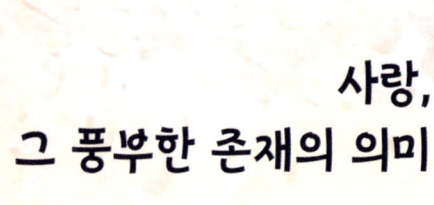

사랑,
그 풍부한 존재의 의미

사랑에 몹시도 목말라하고 있는
젊은 그대여.

누군가로 인하여 가슴 설레고
잠 못 이루는 밤을 보내고 있나요?

그렇다면 당신은 지금
누군가를 사랑하고 있는 것입니다.

또는 그런 사랑을 꿈꾸고 있나요?

지금 당신은 몹시도
진실한 사랑을 필요로 하고 있습니다.

아니면 누군가를 사랑함으로 인하여
상처받고 지치고 아파하고 있지는 않은가요?

사랑에 지쳐 아픔 가운데 허덕이고 있는
그대에게 해줄 말이 있습니다.

사랑은 원래 아픈 것입니다.
누군가를 가슴 아프도록 사랑하는 것입니다.

누군가를 사랑하는 것은 그러한 아픔까지도
사랑해야 하는 것입니다.

저는 오늘 사랑에 빠진 그대를
축복하고 응원할 것입니다.

그리고 사랑으로 인해 신음하고 있는
그대의 여린 마음을 위로해 줄 것입니다.

사랑이란 무엇일까요?
사랑은 순수하고 강력한 힘입니다.

그것은 우리를 깨우치게 하며,
우리의 존재를 확신하게 만듭니다.

사랑은 우리가
서로 연결되어 있는 것을 느끼게 하며,

그것은 우리를
보다 성숙한 사람으로 성장시키고,
세상을 더욱 아름답게 만드는 동기입니다.

사랑을 할 때
이 세상은 아름다움으로 가득 찰 것입니다.

당신은 지금
어떠한 사랑을 하고 있나요?

당신의 사랑은 과연
누군가를 끝까지 이해하고
인내하고 있나요?

사랑은 언제나 오래 참고
이해하고 받아들이는 것입니다.

우리가 다른 사람을 사랑할 때,
그들의 고유한 존재를 이해하고
존중하는 것입니다.

그것은 우리를
서로의 차이점을 인정하고
받아들이는 관계로 이끌어줍니다.

하지만 나의 사랑은
어디에서 머물고 있습니까?

사랑은 희생과 관용의 힘을 내포합니다.
때로는 우리가 원하는 대신,
상대방의 행복과 만족을 우선시합니다.

우리는 상처를 받을 수도 있고,
어려움을 겪을 수도 있지만,
사랑은 우리에게 용기를 주고
이를 극복할 수 있도록 도와줍니다.

사랑은 모든 관계의 기반이며
세계를 향해 뻗어나갑니다.

우리는 사랑을 통해 하나가 되고
우리 주변의 세계에 긍정적인 변화를
불러일으킬 수 있습니다.

지금 이 순간 당신이
누군가를 사랑하고 있다면

당신이 사랑하고 있는 사람의
표정과 생각, 말투, 자그마한 행동까지
사랑할 것이며,

그 사람의 숨소리와
그 사람이 속한 모든 세상을
사랑하게 될 것입니다.

사랑은 아름다운 선물입니다.

사랑은 그대에게 세상을 선물해 줄 것이고,
살아가는 가치를 선물해 줄 것입니다.

그리고 우리는 그것을 경험하고 나누며,
그 가치를 깨달을 것입니다.

그러므로 젊은이들이여,
부디 사랑하고 또 사랑하기를 바랍니다.

그대들이 사랑할 때
이 세상은 아름다움으로 가득 찰 것이며,

그대들은
세상이 아름답다고 말하게 될 것입니다.

2장

행복한 연인들에게 보내는 사랑의 메시지

행복한 연인들에게 보내는
사랑의 메시지

사랑과 행복에 찬 연인들이여,

당신은 현재 어떤 세상 속에 있나요?
당신의 세상은 사랑으로 가득 차있나요?

당신의 마음은 누군가를 생각할 때마다
설레고 행복한가요?

이 행복한 순간에 당신을 축복합니다.

사랑을 느끼는 것은 이 세상에서
가장 아름다운 경험 중 하나입니다.

사랑하는 사람이 있다는 것은
마치 별빛이 어둠 속에서 반짝이듯이
당신의 삶에 빛을 밝히는 것입니다.

당신이 누군가를 사랑할 때
당신은 그 사람의 모든 것을 사랑하게 됩니다.

그들의 미소, 그들의 목소리,
그들이 웃을 때, 그들이 슬플 때,
그들이 어떤 표정을 지을 때,
그 모든 것이 당신에게는 사랑스럽게 느껴집니다.

이 순간들을 소중히 간직하고,
이러한 순간들이 당신의 사랑을 더욱
풍성하게 만들기를 바랍니다.

그러나 그대에게 당부하고 싶은 것이 있습니다.
사랑은 단순히 서로에게 행복을 주는 것 이상입니다.

사랑은 이해하고, 용서하며,
서로를 지지하고, 성장하며,
서로를 위해 희생하는 것입니다.

때로는 다툼이 있을 수도 있고,
갈등이 있을 수도 있지만,
그것이 바로 사랑의 일부입니다.

그것은 당신들이 서로를 더욱 깊게 이해하고
더욱 강한 사랑으로 성장하도록 돕는 것입니다.

사랑은 언제나 새로움을 추구해야 하며,
그것은 우리의 삶에 기쁨과 활력을 불어넣습니다.

서로에 대해 더 알아가고,
함께 새로운 경험을 하는 것은
사랑을 더욱 깊고 풍부하게 만듭니다.

행복한 연인들이여,
그러므로 나는 당신에게 용기를 가지고

사랑을 탐구하고,
사랑하는 사람과 함께 성장하며,

서로에 대한 깊은 이해를 가지고,
사랑을 끊임없이 표현하기를 당부합니다.

마지막으로, 사랑하는 사람에게
감사의 마음을 잊지 말아 주세요.

그들이 당신의 삶에 빛을 더해준 것에 감사하며,
당신이 누군가를 사랑할 수 있는 기회에 감사하세요.

이 감사의 마음이 사랑을 더욱 의미 있고,
특별하게 만들 것입니다.

사랑하는 사람과 함께 있는 행복한 이 순간,
당신이 그 사랑을 깊게 느끼고,
그 사랑이 당신의 삶에 빛나는 별이 되기를 바랍니다.

그리고 그 사랑이 당신의 마음에 깊이 새겨져,
그 사랑이 당신의 삶을 아름답게 만들기를 바랍니다.

사랑하는 그대들이여,
행복하게 사랑하기를 기대합니다.

3장

사랑에 상처받고
아파하는 이들에게

사랑에 상처받고
아파하는 이들에게

그대여, 당신은 지금 누군가를 사랑함으로 인해
아파하고 있나요?

당신의 마음을 열고 누군가를 사랑하려고 했을 때,
그 사랑을 받아주지 않아서 상처를 받았나요?

당신이 상처받고 아픈 이유는,
당신이 진심으로 사랑했기 때문입니다.

당신이 모든 것을 내어주고,
사랑하는 사람을 위해 존재하려 했기 때문입니다.

이는 누구도 당신을 비난할 수 없는
사랑의 행위입니다.

그렇기 때문에 당신이 누군가를 사랑하고
그로 인해 상처를 받았다면,
그것은 그대의 잘못이 아닙니다.

당신 마음의 상처를 위로하고 싶습니다.

지금의 고통은 말로는 표현할 수 없을 정도로
힘들 수 있습니다.

그러나 당신이 겪고 있는 이 고통은
사랑의 본질에 대한 깊은 이해와,
그리고 자신에 대한 존중을 통해 치유될 수 있습니다.

사랑은 때로 우리에게 어려움을 안겨주곤 합니다.

그것은 우리의 마음을 건드리고,
우리의 감정을 흔들며,
때때로 우리를 상처받게 합니다.

그러나 이런 아픔은 사랑이 가져다주는
성장의 일부입니다.

그것은 우리에게 교훈을 주고,
우리의 마음을 강하게 합니다.

인내하는 것이 어려울 수 있지만,
그럼에도 불구하고 잠시 숨을 고르세요.

조급해하지 말고 시간을 주세요.
상처는 시간이 해결해 줄 것입니다.

사랑에 대한 이해와 존중,
그리고 용기를 가지고,
다시 사랑을 믿어보세요.

사랑은 때로 우리를 상처받게 하지만,
그것은 또한 우리를 치유하고
우리의 삶을 풍요롭게 하는 놀라운 힘입니다.

사랑에 대한 아픔 때문에
나쁜 생각을 하지 않길 바랍니다.

그런 생각은 우리 자신을 해치며,
사랑에 대한 아름다운 경험을 훼손하게 만듭니다.

대신, 자신의 감정을 깊이 이해하고,
상처를 받은 이유를 이해하며,
그것을 바탕으로 다시 일어나서 사랑을 믿어보세요.

사랑은 아픔을 치유하고,
새로운 희망을 만들어냅니다.

사랑은 항상 존재합니다.
그것은 우리가 있는 곳에 항상 존재하며,
우리의 삶을 가득 채워줍니다.

그것은 우리의 삶을 풍요롭게 만들어주며,
우리를 건강하게 성장시켜 줍니다.

그러므로 그대여,
다시 한번 사랑을 믿어보세요.

사랑을 기다리고, 사랑을 경험하며,
그 사랑을 감사하며 살아가세요.

사랑이 그대의 삶을 충만하게 만들어줄 것입니다.

4장

사랑과 용서, 상처받은 마음을 위로하기

사랑과 용서, 상처받은 마음을 위로하기

당신을 이해하지 못하고
당신의 마음을 이렇게 아프게 만든 사랑으로 인해
지금 힘들고 아픈 시간을 보내고 있나요?

한때 당신이 사랑했던 그 누군가를 용서할 수 없어서
자꾸 미워하는 마음이 커지고
계속해서 상처받고 있지 않나요?

이로 인하여 당신의 상처받은 마음은
계속해서 아픔이 밀려올 것입니다.

그러나 용서는 그런 상처를 치유하는
과정의 한 부분입니다.

용서는 상처받은 마음을 치유하고,
우리가 더 이상 과거에 머물지 않고
앞으로 나아갈 수 있게 도와줍니다.

용서란 과거의 상처를 이해하고 받아들이는 과정입니다.
그것은 우리가 상처받은 이유를
이해하려는 노력이 필요합니다.

그리고 가장 중요한 것은 용서를 통해
우리가 다시 사랑할 수 있는 능력을
회복하는 것입니다.

용서는 사랑의 연장선에 있습니다.
사랑과 용서는 서로를 보완하며,
우리를 존중하고 사랑하는 데 도움을 줍니다.

당신이 누군가를 용서하는 것은
그 사람을 위한 것이 아닙니다.
그것은 당신 자신을 위한 것입니다.

상처받은 마음을 가진 당신이 다시 행복을 찾고,
사랑을 느낄 수 있도록 돕는 것입니다.

용서는 그렇게 해서 우리의 마음을 치유하고,
우리를 사랑의 길로 인도합니다.

사랑하는 것은 쉽지 않습니다.
그것은 우리를 힘들게 하고,
때때로 우리를 아프게 합니다.

그러나 사랑은 우리를 강하게 하며,
우리를 성장시킵니다.

사랑에 상처받아도,
그 상처를 용서하며
자신을 사랑하는 것이 중요합니다.

그래야만 우리는 진정한 사랑을 느낄 수 있습니다.
그래야만 우리는 사랑의 아름다움을 느낄 수 있습니다.
그래야만 우리의 사랑은 영원할 것입니다.

당신이 상처받은 마음을 가지고 있다면,
그 마음을 치유하려는 노력을 해보세요.

그 상처를 받아들이고, 그 상처를 이해하고,
그 상처를 용서하면서 자신을 사랑해 보세요.

그것은 당신이 사랑의 힘을 느낄 수 있는
훌륭한 방법입니다.
그것은 당신이 사랑을 이해하고,
사랑을 느낄 수 있는 가장 좋은 방법입니다.

사랑과 용서는 당신의 삶을
더욱 아름답게 만들어줄 것입니다.

그것은 당신을 강하게 만들어줄 것입니다.
그것은 당신을 성장시켜 줄 것입니다.

사랑으로 인해 버림받고 상처받고
초라한 모습으로 있을지라도

그 상처를 용서하며
몸서리치는 자신을 사랑하는 것을 잊지 마세요.

그것은 당신의 아픔을 치유해 주며,
당신의 사랑을 더욱 가치 있게 만들어줄 것입니다.

5장

사랑의 깊은 곳에서 찾아낸 자아성찰과 성장의 기회

사랑의 깊은 곳에서 찾아낸
자아성찰과 성장의 기회

사랑은 우리의 심장을 두드리는 감동의 순간이자,

새로운 감정이 시작입니다.

사랑은 우리에게 세상을 다르게 보게 하고,

새로운 감정을 경험하게 합니다.

그러나 사랑은 또한 우리에게 자신을 돌아보고,

그 속에서 성장할 기회를 제공합니다.

어떻게 사랑이 우리의 자아성찰에

영향을 미치는 것일까요?

사랑은 마치 거울과 같습니다.

사랑을 경험하면서 우리는

더 깊이 자신을 이해하기 시작합니다.

그 감정들은 우리가 누구인지,
우리가 무엇을 원하고 무엇을 두려워하는지에 대한
단서를 제공합니다.

그것은 우리가 어떤 사람과 어떤 관계를 선택하고
추구하는지에 대한 우리 내면의 가치관과
성향을 드러내 줍니다.

사랑은 마치 무대 위의 연극과 같습니다.

또한, 사랑은 우리에게 자신의 감정을 관찰하고
분석하는 기회를 제공합니다.

나 자신이 왜 특정한 방식으로 느끼고 행동하는지,
그리고 그것이 우리 자신과 타인에게
어떤 영향을 미치는지를 생각하게 합니다.

이런 자아성찰의 과정은
우리가 더 성숙하고 강인한 인간으로
성장시키는 동력이 됩니다.

또한, 사랑은 마치 물결과 같습니다.

우리는 아픔과 실패를 겪으며,
그것들을 어떻게 극복하고
다시 일어날 수 있는지를 배웁니다.

이런 순간들은 힘들지만,
그것들을 통해 우리는 감정을 조절하고,
문제를 해결하며,

상황을 긍정적으로 바라보는 법을 배울 수 있습니다.
이러한 과정들은 모두 사랑의 경험을 통해 일어납니다.

사랑은 우리가 스스로를 더 깊이 이해하고,
우리의 감정을 더 잘 관리하고,
우리 자신을 더 효과적으로 표현하는 방법을
배울 수 있는 통로를 열어줍니다.

이 모든 것들은 우리의 성장과 발전에
필수적인 요소들입니다.

사랑은 그 자체로 아름답습니다.
그 아름다움의 근원 중 하나는 바로
이러한 자아성찰과 성장의 순간들입니다.

이 순간들을 통해 우리는 더 나은 자신을 발견하고,
더 건강하고 만족스러운 관계를 형성하게 됩니다.

사랑이 가져다주는 성장은 사랑을 더욱 아름답고
의미 있게 만드는 주요한 요소입니다.

따라서, 사랑을 경험할 때는
그것이 당신에게 주어지는
성장의 기회라는 걸 잊지 마세요.

그러면 당신은 그 경험을 통해
자신을 더 잘 이해하고, 더 강해지고,
더 성장할 수 있을 것입니다.

6장

토끼를 사랑한 고슴도치 이야기

토끼를 사랑한 고슴도치 이야기

여러분께 아름다운 사랑 이야기를 하나 들려줄까 합니다.

옛날 옛적, 눈이 많이 내리는
깊은 겨울의 어느 날이었습니다.

한 작은 고슴도치는 자신이 깊이 사랑하는
하얀 토끼와 함께 추운 겨울을
굴에서 지내고 있었습니다.

하지만, 고슴도치는 사랑하는 방법에 서툴러,
그를 꼭 안아주려다가 자신의 뾰족한 침으로
토끼를 찔렀습니다.

하얀 토끼의 피가 철철 흘러나와,
원래는 순백했던 털이 붉은색으로 물들었습니다.

토끼는 점점 의식을 잃고 쓰러졌습니다.

고슴도치는 그 장면을 보고 몹시 당황하였고
어쩔 줄 몰라 했습니다.

곧 고슴도치는 자신의 몸에 난 뾰족한 침을 모두 뽑아
밤새도록 토끼에게 침 치료를 해주었습니다.

그리고 그 침들을 하나씩 불을 피워서
토끼가 얼지 않도록 밤새도록
따뜻하게 보살펴 주었습니다.

그렇게 상처를 치료받은 토끼는 다음 날
아침 의식을 되찾습니다.

그러나 토끼나 눈을 떴을 때 옆에는
모든 침이 빠져버려 벌거숭이가 된 고슴도치가
정신을 잃고 쓰러져 있었습니다.

주위를 돌아보니 고슴도치의 침들로
밤새 불을 지핀 흔적들을 발견하였습니다.

토끼는 고슴도치가 밤새 자신을 위해
어떻게 희생했는지 상황을 알아차렸습니다.

토끼는 한때 자신에게 커다란 상처를 주었던
고슴도치가 너무나 미웠지만,
지금은 자신을 위해 희생한 고슴도치를 바라보며
흐느껴 울었습니다.

토끼는 자신의 피로 물든 털로 고슴도치를
따뜻하게 안아 덮어주었습니다.

세찬 눈보라와 추위 속에 고슴도치는
토끼에게 안긴 채로 죽어가고 있었습니다.

이것은 제가 여러분께 들려주는
사랑에 관한 이야기입니다.

사랑이란 때로는 오해를 낳기도 하고,
무심코 상처를 주기도 합니다.

사랑이란 때로는 희생을 필요로 하고,
때로는 용서를 필요로 합니다.

사랑함에 있어 가장 중요한 것은
서로에 대한 배려입니다.

사랑은 서로를 아끼고, 인내하고,
서로를 이해하고 돕는 것입니다.

그래서, 사랑은 눈부시게 아름답습니다.

그 아름다움 속에는 때로는 아픔이 존재합니다.

그럼에도 불구하고,
우리는 사랑을 계속해야 합니다.

왜냐하면 사랑은 그 자체만으로도
소중하고 아름답기 때문입니다.

이러한 사랑에 어떠한 이유와 변명과
조건이 필요할까요?

당신도 이러한 숭고한 사랑을 꿈꾸고 있지 않나요?

7장

시련의 밤을 이겨내며 별빛을 향해 나아가기

시련의 밤을 이겨내며 별빛을 향해 나아가기

당신이 지금 서있는 곳은 어둡고 험난한 밤입니다.

사랑의 상처, 일터의 고단함,
생활의 불안, 건강의 문제,
그리고 인간관계의 향연 속에서 빚어진
슬픔과 절망이 사방을 덮쳤습니다.

이로 인해 우울하고, 그냥 주저앉고 싶고,
모든 것을 포기하고 싶은 절망의 순간 가운데
아무것도 하지 못하고 망설이고 있나요?

당신은 실패를 두려워하고 있고
새롭게 무언가를 시작하는 것을 겁내고 있지 않나요?

누구에게나 시련이 다가옵니다.
실패가 다가옵니다.

누구나 어려운 상황 가운데 빠질 수 있습니다.

중요한 것은 그러한 시련을 피하는 것이 아니라
그 시련을 마주 대하는 자세이며,
시련 속에서도 그 의미를 발견하고
하늘의 별을 바라볼 줄 아는 지혜의 마음입니다.

당신에게 불어닥친 세찬 바람은
지금 당신을 두렵고 떨게 하고
당신을 나약하게 움츠러들게 만들고 있습니다.

그러나 그 바람은 무더위 속에
당신의 지친 땀방울을 식히고,
당신을 위로하며 당신의 막혔던 가슴을
시원하게 위로해 주었던 바로 그 바람입니다.

고난의 밤이 당신을 감싸도 절대로 포기하지 마세요.
어둠 속에서도 별빛은 항상 존재합니다.
그 별빛은 당신의 꿈이며 희망이며,
그것이 바로 당신이 나아가야 할 미래의 모습입니다.

시련은 당신을 아프게 하고,
이를 참고 인내하며 견뎌내는 것은 몹시 쓰기만 합니다.

하지만, 모든 시련과 고통의 열매는
결국 당신을 성장시키고
더욱 높은 곳으로 이끌 것입니다.

당신이 꿈꾸는 미래를 향해 나아가는 길에서는
이런 모든 고난과 시련이 필요하다는 것을 기억하세요.

그것들이 바로 당신을 그 미래의 별빛으로 이끄는
계단이기 때문입니다.

별빛을 향해 나아가는 당신의 길이 아무리 어두워도,
별이 가득 찬 저 하늘을 올려다보세요.

그 별빛들은 당신이 꿈꾸는 미래를 향해
나아가는 길을 비춰줄 것입니다.

당신은 이미 어둠을 뚫고 빛을 발할 수 있는
강력한 에너지를 가지고 있습니다.

당신은 이미 충분히 강하고, 충분히 용감하며,
충분히 지혜롭습니다.

그리고 어떤 시련과 고난 앞에서도
여러분은 결코 포기하지 않을 것입니다.

어두운 밤을 걷고 있는 젊은 여러분,
별빛이 여러분의 길을 밝혀주길 바랍니다.

당신이 별빛을 향해 나아가는 이야기는,
우리 모두가 함께할 수 있는
가장 아름다운 여행입니다.

그리고 그 여행의 끝에서,
우리는 모두 빛나는 별이 될 수 있습니다.

당신의 꿈이 별빛처럼 밝게 빛나길 기원합니다.

8장

세상과 소통하는 사랑의 연주

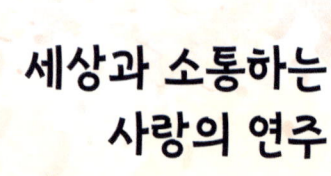

세상과 소통하는
사랑의 연주

우리는 사랑하는 사람과 소통하며
하나의 아름다운 음악을 연주합니다.

그 음악은 서로의 마음을 향한 진심과
이해로 이루어져 있습니다.

하지만 때로는 말과 행동으로
사랑하는 사람에게 상처를 주기도 하고,
서로를 이해하지 못하고 불협화음을 내기도 합니다.

우리는 소통의 기적을 통해 이러한 상황을 극복하고,
더 나은 관계를 형성하며
아름다운 음악을 연주할 수 있습니다.

사랑하는 사람과의 소통뿐만 아니라
세상과의 소통도 우리의 삶에서
특별한 선율을 만들어줍니다.

내가 사랑하는 사람은 이 세상의 일부이고
세상과의 소통은 곧 사랑하는 사람과의
소통이기도 합니다.

우리는 끝없는 여행 속에서
세상과 소통하고 있습니다.

세상은 우리에게 다양한 사람들과 문화,
가치관의 조각들로 가득 차있습니다.

그 속에서 우리는 서로 다른 멜로디와 리듬을 듣고
이해하려는 노력을 기울여야 합니다.

우리의 마음을 열고 서로를 받아들이며,
우리의 공감과 이해는 서로를 아름답게
연주하는 향기로 이어집니다.

우리는 적극적인 대화와 경청을 통해
세상과의 소통이라는 한편의
예술작품을 완성시킵니다.

상대방의 이야기를 귀 기울여 듣고,
소중한 음표들을 함께 만들어가며
서로를 이해하고 나아갑니다.

그 작품은 서로를 향한 무한한 관심과
사랑의 선율로 가득 차있고,
우리의 삶에 환희와 희망을 불어넣어 줄 것입니다.

그러나 때로는 내가 살아가면서 이해할 수 없는
선율들이 울려 퍼질 수도 있습니다.

세상과 소통하는 사랑의 연주는 때로는
곡조가 어긋나고 박자가 뒤틀릴 수도 있습니다.

저 사람이 어떻게 저럴 수가 있을까를
곰곰이 생각하며 미움이 싹트기 시작하고
우리의 노래는 불협화음이 일어날 수도 있습니다.

그러나 우리는 넉넉한 가슴으로 세상을
받아들일 수 있는 자세를 가져야 합니다.

세상은 다양성과 차이로 가득 차있습니다.
우리는 이러한 차이들을 존중하며
포용하는 것이 필요합니다.

넉넉한 가슴으로 우리가 이해할 수 없는 것들을
받아들이고 포용할 수 있을 때
우리는 비로소 세상을 이해하기 시작합니다.

그 속에서 새로운 아름다움을 발견할 수 있습니다.

세상과의 소통은
우리를 더욱 풍요롭게 만들어줍니다.

우리는 사랑하는 사람과의 소통을 통해
서로를 이해하고 행복해하기도 하지만,
세상과의 소통을 통해
더욱 발전하고 성장할 수 있습니다.

개방된 마음과 존중하는 자세로
우리는 세상의 다양한 소리와 색채를 감상하며,
그 속에서 우리의 마음은 더욱 풍요로워집니다.

세상과의 소통은 사랑과 이해를 향한
아름다운 연주입니다.

우리는 그 연주를 통해 서로에게 더욱 가까워지고,
함께 성장하며, 하나 된 기쁨을 느낄 것입니다.

소중한 사람들과 함께하는 이 공연은
우리에게 무한한 행복을 주는 한편,
세상의 부조리와 맞서 싸울 수 있는
용기를 선사할 것입니다.

세상과 소통하는 사랑의 연주를 함께하는 여정에서
우리는 아름다운 세상을 발견하게 될 것입니다.

세상과 소통하는 사랑의 연주는 우리의 삶에
환희와 희망을 불어넣어 줄 것입니다.

그런 아름다운 세상을 향한 우리의 연주가
더욱 아름답고 감동적인 삶을 만들어갈 것입니다.

이제 우리는 세상과 소통하는 사랑의 연주를 향해
함께 나아갈 준비가 되었습니다.

이 여정에서 우리는 더욱 놀라운 세상을 발견하고,
그 아름다움을 향한 노래를 끝없이 펼쳐갈 것입니다.

9장

변화의 파도를 거스르는 도전

변화의 파도를 거스르는 도전

세상은 끊임없이 변화하고 있습니다.

로봇이 주문을 받고, AI가 글을 쓰며,
인간의 삶은 기술과 혁신의 파도에 휩쓸리고 있습니다.

이러한 변화 속에서 사랑은 마르고 감정은 황폐해지며,
빈곤과 어려움을 느끼는 순간들도 있습니다.

그러나 우리의 마음은 이러한 변화에 적응하고,
끊임없이 도전해야 합니다.

변화는 도전과 위기일 수 있지만,
동시에 기회이기도 합니다.

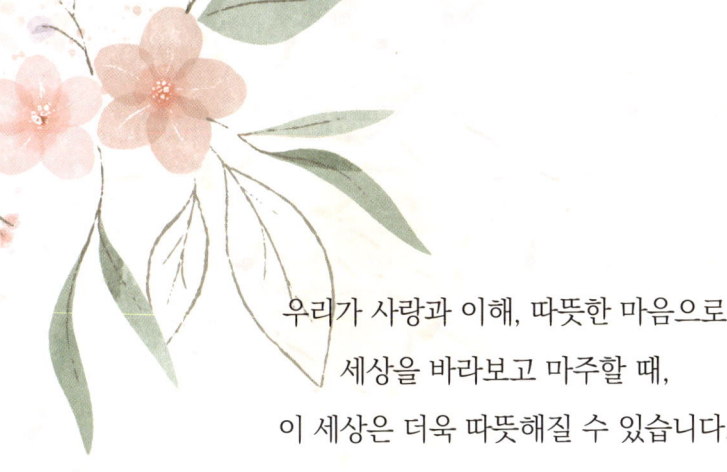

우리가 사랑과 이해, 따뜻한 마음으로
세상을 바라보고 마주할 때,
이 세상은 더욱 따뜻해질 수 있습니다.

이러한 변화를 우리는 담대하게 마주해야 하고,
변화하는 것을 거부하거나 두려움을 갖지 말아야 합니다.

우리는 새로운 도전과 기회를 찾아가며
성장해야 합니다.

변화의 파도를 거스르며 우리의 꿈을 향해 나아가는 것은
용기와 결단력이 필요합니다.

우리는 변화 속에서도 우리의 가치와
원칙을 지키며 살아가야 합니다.

사랑과 감정, 인간의 본질적인 문제에 대한
우리의 집중은
어떠한 변화에도 흔들리지 않아야 합니다.

우리는 변화에 적응하고
새로운 기회를 찾아가면서도
인간다운 삶을 살아가야 합니다.

도전은 우리가 성장하고 발전하는 기회입니다.
변화에 대한 두려움을 극복하고 도전하는 용기는
우리를 더욱 강하게 만듭니다.

우리는 자신의 잠재력을 믿고,
새로운 분야에 도전하며
성취감과 성공을 누릴 수 있습니다.

세상은 변화하고 있지만,
우리의 마음은 변하지 않습니다.

우리는 사랑과 이해로 가득한 마음을 가지고,
변화의 파도를 거스르며
도전하는 용기를 지녀야 합니다.

이 세상이 얼마나 빠르게 변화하더라도,
우리의 마음은 항상 따뜻하고 인간다운 가치를 지키며
세상을 향해 나아갈 것입니다.

변화와 도전은 우리의 삶에
새로운 의미와 희망을 가져다줍니다.

우리는 변화에 맞춰 성장하고 발전하며,
자신의 잠재력을 발휘하여
더 나은 세상을 만들어갈 수 있습니다.

우리의 도전은 우리 자신뿐만 아니라
주변 사람들과 세상을 위한 선물이 될 것입니다.

이제 우리는 변화와 도전에 대한 마음을 갖고,
새로운 가능성을 향해 함께 나아갈 준비가 되었습니다.

변화하는 세상에서 우리의 도전은
끊임없이 이어질 것이며, 그 과정에서
우리는 더욱 성장하고 성취해 나갈 것입니다.

변화와 도전의 여정에서 우리는 빛나는 희망과
풍요로운 성공을 만날 것입니다.

사랑의 힘과 용기는 이러한 변화 속에서
우리 자신을 잃지 않고
희망으로 나아갈 수 있게 해줍니다.

세상은 변화에 휩쓸리고 있지만,
우리는 사랑의 힘을 통해 그 속에서도 꿈을 이루고
희망을 이어갈 수 있습니다.

사랑은 우리를 강하게 만들어주는 원동력이며,
용기와 결단력을 우리에게 부여합니다.
변화 속에서도 사랑의 힘은
우리의 마음을 따뜻하게 유지해 줍니다.

사랑은 서로를 이해하고 배려하는 마음을 키워주며,
변화에 대한 두려움을 극복하고 새로운 도전에
나서는 용기를 불어넣어 줍니다.

사랑은 우리가 어려움에 처했을 때
희망을 찾을 수 있는 힘입니다.

변화는 도전과 위기를 동반하지만,
사랑의 힘과 용기를 갖고 있다면 그 어려움을 극복하고
새로운 가능성을 찾아갈 수 있습니다.

우리는 사랑의 힘과 용기를 가지고
이 세상의 문제들에 맞서야 합니다.

빈곤과 어려움, 인간의 감정이 황폐해지는 상황에서도
사랑의 힘은 우리를 이끌어내고
변화를 이끌어낼 수 있는 동력이 됩니다.

변화와 도전의 길에서도
우리는 사랑의 빛을 따라 나아가야 합니다.

사랑은 우리를 어둠 속에서 밝은 빛으로 인도해 줍니다.

우리가 사랑의 힘과 용기를 지니고
세상을 향해 나아갈 때, 이 세상은
더욱 따뜻하고 아름다운 곳으로 변해갈 것입니다.

변화의 파도가 우리를 덮치더라도,
우리는 사랑의 힘과 용기를 가지고
희망을 품고 나아갈 수 있습니다.

사랑은 우리를 변화의 중심에서도
안정과 평화로 인도해 주는 보호막입니다.

우리의 사랑과 용기는 세상을
어루만질 수 있는 힘이 될 것이며,

변화의 파도를 거스르며 희망을 향해 나아가는
우리의 모습은 세상에 변화를 일으킬 수 있습니다.

그렇기에 우리는 사랑의 힘과 용기를 지켜야 합니다.

변화와 도전에 맞서면서도
사랑으로 마주하는 우리의 모습은
더욱 강인하고 아름다워질 것입니다.

세상의 변화 속에서도
사랑의 힘과 용기를 잃지 않고,
우리는 희망의 불씨를 계속해서 지킬 것입니다.

10장

사랑하는 눈으로 바라본 아름다운 세상

사랑하는 눈으로 바라본 아름다운 세상

서울의 한강 앞에서
젊은 연인이 서로 껴안고 앉아
한강의 물결을 바라봅니다.

쓰레기가 떠내려오는 한강 물을 바라보면서
그들은 세상이 아름답다고 이야기합니다.

사랑하는 눈으로 세상을 바라볼 때
이 세상은 아름다움이 되어줄 것입니다.

아무리 세상이 이해할 수 없고
부조리로 가득 차 있다 하더라도,

사랑하는 눈으로 바라보는 사람들은
그래도 세상이 아름답다고 말할 것입니다.

사랑은 위대합니다.

사랑은 상처를 치유하고 힘을 주며,
새로운 희망을 안겨줍니다.

절망하고 포기하고 싶은 마음이 있었다면
이제 용기를 내기 바랍니다.

당신에게는 아직도 무엇인가를 사랑할 수 있는
열정과 용기가 남아있습니다.

과거의 일은 훌훌 털어버리며, 새로운 희망을 갖고
다시 일어서는 용기를 찾을 수 있습니다.

세상은 끊임없이 빠르게 변화하고 있고,
언젠가 로봇이 세상을 지배하는 날이 온다 하더라도
우리들의 사랑은 변하지 않을 것입니다.

절망과 포기를 뛰어넘는 위대한 사랑의 힘으로
새로운 희망을 안고 세상을 향해 나아가십시오.

우리가 넘을 수 없는 산이 있더라도
사랑의 기적은 험난하고 높은 산을
넘을 수 있는 용기를 줍니다.

세상 사람들이 우리를 비난하고 손가락질할지라도
사랑하는 우리는 그것에 맞설 수 있습니다.

이제 우리는 아픈 절망과 상처를 치유하고,
사랑의 물결을 따라 힘차게 앞으로 나아갈 것입니다.

이것은 사랑의 여정이며 행복의 여정입니다.

한강 물은 끊임없이 흘러가면서
우리의 시선을 끌어당깁니다.

우리가 더욱 사랑할 수 있도록
더욱 용기 낼 수 있도록
우리의 가슴을 쿵쿵 자극합니다.

사랑은 생명입니다.
사랑은 절망이 아니고 희망입니다.
사랑은 포기가 아니고 새로운 시작입니다.

사랑은 아픔이 아니고 다른 사람의 아픔을
바라볼 수 있도록 우리를 겸허하게 합니다.

우리는 이제 세상을 사랑할 준비가 되어있습니다.
과거의 아픔을 딛고 새로운 출발을 할
준비가 되어 있습니다.

우리는 포기하지 않을 것입니다.

또다시 사랑이 우리를 가슴 아프게 할지라도
우리는 그것을 겸손하게 받아들이며
다시 일어설 것입니다.

사랑은 우리에게 세상을 사랑할 줄 아는
지혜를 선물해 주었습니다.

오늘 나는 한강 물을 바라보며
행복한 세상을 꿈꿉니다.

그것은 나만 행복한 세상이 아니라
우리 모두가 행복한 세상입니다.

11장

위대한 쇼맨, 편견에 맞서는 용기

위대한 쇼맨, 편견에 맞서는 용기

영화 〈위대한 쇼맨〉의 주인공인 바넘(Barnum)은
사회에서 주목받지 못한 사람들을 모아
서커스단을 만들었고,
세상에 자신들의 특별함을 보여주었습니다.

이들은 세상에서 외면당한 사람들이지만,
서로의 차이를 인정하고 함께 춤추고 노래하며
세상의 편견과 힘들었던 시련에 맞서 일어섰습니다.

그들이 부르는 〈This Is Me〉라는 곡의 가사에는
'한 번쯤은 진짜를 보여주고 싶어. 주저앉지 않을 거야.
당당히 살 거야. 난 용감해. 난 당당해.
난 내가 자랑스러워. 그게 나니깐.'
이라는 말이 담겨있습니다.

이 감동적인 메시지는 우리에게 힘을 주고,
자신을 보여줄 용기와 자랑스러움을 불어넣어 줍니다.

우리는 남들과는 다른 존재이며,
그것이 우리의 가치와 아름다움을 만들어내는 것입니다.
세상이 어떤 편견을 갖고 있더라도,
우리는 주저앉지 않고 당당하게 살아갈 자신이 있습니다.

과거의 상처와 힘들었던 경험을 뛰어넘기 위해서는
용기와 자신감이 필요합니다.

이 영화와 노래는 그 힘을 상기시켜 주며,
우리가 자신을 사랑하고 자랑스러워할 수 있는
힘을 주는 메시지를 전합니다.

노래 가사에 담긴 '한 번쯤은 진짜를 보여주고 싶어'라는
욕망은 우리 모두에게 공감을 불러일으키며,
우리의 특별함과 진실한 모습을 세상에 보여줄 수 있는
자신감을 불어넣어 줍니다.

세상이 어떻게 평가하고 편견을 갖든지,
우리는 용감하게 일어서서
우리 자신을 보여줄 수 있습니다.

우리는 주저하지 않고 당당하게 살며,
과거의 아픔을 넘어서며
더 나은 미래를 만들어나갈 수 있습니다.

이제 우리는 자신을 자랑스러워하며,
주변의 편견에 굴하지 않고
세상에 우리 자신을 펼쳐나갈 차례입니다.

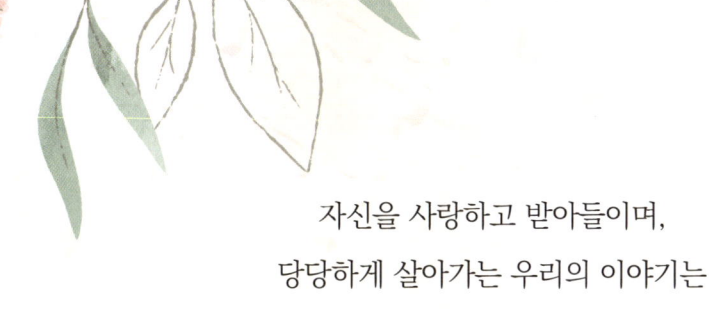

자신을 사랑하고 받아들이며,
당당하게 살아가는 우리의 이야기는
감동을 주고 용기를 심어줍니다.

이제 우리는 함께 손을 잡고
세상에 우리 자신을 자랑스럽게 보여줄 때,
더 큰 감동과 용기를 가져다줄 것입니다.

이 영화와 노래는 우리에게 그 힘을 상기시키고,
우리가 각자의 이야기를 향해 달려갈 수 있는
자신감과 희망을 주는 메시지입니다.

과거의 아픔과 편견에 맞서고 일어나기 위해,
우리는 자신을 사랑하고
용기를 갖고 떨쳐나갈 수 있습니다.

우리는 과거의 어둠을 뛰어넘고,
더 나은 미래를 위한 새로운 장을 펼칠 수 있습니다.

이 세상에 우리의 감동과 용기를 전하며,
우리 자신을 사랑하고
자랑스럽게 여기는 모습을 세상에 보여줄 것입니다.

우리의 감동적인 이야기는
세상에 변화를 가져올 수 있는 힘이 되며,
우리가 믿는 꿈을 향해 달려갈 수 있는 힘을
우리에게 상기시켜 줄 것입니다.

이제, 과거의 아픔을 넘어서며
우리 자신을 사랑하고 받아들이며,
우리의 이야기를 전할 차례입니다.

우리는 현재의 모습을 사랑하고
용기를 갖고 미래를 위한 새로운 장을 펼쳐봅시다.

우리는 피부색, 학력, 가정 형편과는 무관하게
우리 자신을 사랑하고 용기를 갖고
미래를 만들어나갈 수 있습니다.

주저하지 않고 당당하게 살며,
우리의 특별함과 아름다움을 세상에 보여주는 이야기가
얼마나 감동을 주고 용기를 심어줄 수 있는지
믿어봅니다.

우리는 자신을 사랑하고 자랑스러워할 수 있으며,
미래를 향해 달려갈 수 있는 힘을 소유하고 있습니다.

이제 우리의 이야기를 전하며,
세상에 빛나고 용기를 갖는 메시지를 전해봅시다.

함께 이 세상을 변화시키고,
우리의 존재를 자랑스럽게 보여주는 것이 얼마나
아름다운 일인지 알게 될 것입니다.

12장

사랑의 희망과 미래

사랑의 희망과 미래

우리는 사랑이 흐르는 세상에서
더 밝은 미래를 꿈꿀 수 있습니다.
사랑은 우리에게 희망의 날개를 달아주고,
미래를 더욱 아름답게 만들어줍니다.

사랑을 심어 키우고 가꾸는 과정에서
우리는 끊임없이 성장하며,
새로운 가능성을 발견할 수 있습니다.

사랑은 우리에게 희망의 빛을 제시합니다.
우리가 사랑으로 마음을 열면,
어둠 속에서도 희망의 불씨를 발견할 수 있습니다.

사랑은 우리에게 용기를 주고
어려움을 극복하는 힘을 부여합니다.
그 힘을 가지고 우리는 미래를 향한
여정에 나설 수 있습니다.

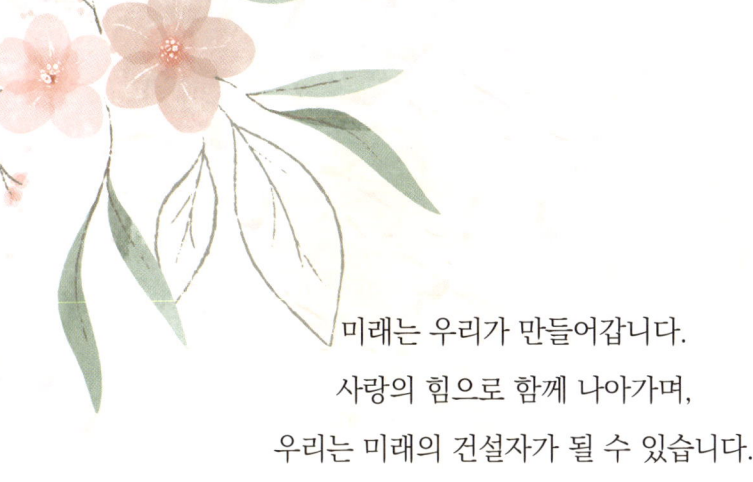

미래는 우리가 만들어갑니다.
사랑의 힘으로 함께 나아가며,
우리는 미래의 건설자가 될 수 있습니다.

우리는 사랑으로 연결되어 하나가 되며,
공동의 꿈과 목표를 향해 힘을 모을 수 있습니다.

사랑이 우리를 이끌고,
우리의 노력과 희망이 결실을 맺을 때,
미래는 우리를 기쁨과 풍요로움으로
가득 채워줄 것입니다.

사랑은 미래를 밝게 비추는 가장 아름다운 색깔입니다. 사랑은
우리에게 지속적인 성장과 변화를 안겨주면서, 미래에 대한 희망
을 안심시켜 줍니다.

우리가 서로를 사랑하고 이해한다면,
어려움이 닥쳐도 우리는 항상 함께할 수 있습니다.

그리고 우리의 사랑은
새로운 꿈과 가능성을 열어줄 것입니다.

사랑의 희망과 미래는 우리를 움직이는 동력입니다.
우리는 사랑을 심어 키워가며,
미래에 대한 희망을 안고 나아갑니다.

시간이 흐를수록 사랑은 더욱 깊어지고 강해집니다.
사랑으로 맺어진 우리는 서로를 지지하고 격려하며,
함께 더 큰 꿈을 향해 나아갑니다.

우리의 사랑은 마치 끝없는 성장의 동력이 되어
미래를 밝히는 빛이 되어줍니다.

미래는 사랑과 희망으로 가득 차있습니다.
우리가 사랑을 품고 미래를 바라볼 때,
어떤 어려움이 닥쳐도 우리는 두려워하지 않습니다.

우리의 사랑은 우리를 보호하고 강하게 만들어줍니다.
그리고 우리는 미래를 위해 끊임없이 노력하고,
사랑의 빛을 세상에 불어넣어 나가는 주인공이 됩니다.

사랑은 미래에 희망을 심어주는 씨앗입니다.
우리가 사랑을 심으면, 그 사랑은
더 큰 사랑과 행복으로 이어집니다.

우리의 사랑은 사회와 세상에 긍정적인 영향을 미치고,
더 나은 미래를 만들어갈 수 있습니다.
우리의 사랑은 미래를 밝게 비추는 등대가 되어
다른 이들에게 희망을 전해줄 것입니다.

사랑의 희망과 미래는 우리에게
무한한 가능성을 열어줍니다.
우리는 사랑을 심고, 미래에 대한 꿈을 품으면서도
현재에 충실하게 살아갈 수 있습니다.

우리는 사랑의 힘을 믿고,
용기와 인내를 갖추며,
미래를 향해 단호하게 나아갈 것입니다.

사랑은 우리의 미래를 밝게 비추는 귀중한 자산입니다.
우리가 사랑과 희망을 심어 키우면,
미래에는 우리의 노력과 사랑이
향기로운 꽃으로 피어날 것입니다.

우리의 사랑은 온 세상에 희망을 심어주고,
더 나은 미래를 구현하는 원동력이 될 것입니다.

사랑의 희망과 미래는
우리가 지키고 키워야 할 보물입니다.
우리는 사랑을 지키고
그 희망과 미래를 위해 노력해야 합니다.

사랑은 우리를 강하게 만들어주고,
미래를 위한 비전과 목표를 가지도록 도와줍니다.

우리는 사랑의 가치를 이해하고,
서로를 지지하며 성장해야 합니다.
그리고 우리의 사랑은 더 큰 세상을 위한
변화와 혁신의 원천이 될 것입니다.

미래에 대한 희망과 사랑은
우리를 끊임없이 나아가게 합니다.

우리가 사랑으로 향하는 길은
언제나 어려울 수 있지만,
그 과정에서 우리는 새로운 경험과 배움을 얻게 됩니다.

우리의 사랑은 우리 자신과 주변 사람들을 변화시키며,
더 나은 미래를 위한 기반을 마련해 줄 것입니다.

미래는 우리가 함께 만들어가는 것입니다.
우리는 사랑으로 연결된 채로 협력하고 소통하며,
미래를 위한 계획을 세워야 합니다.

우리의 사랑은 우리를 이끌어
새로운 도전과 기회를 만나게 하며,
미래의 가능성을 무한히 넓혀줄 것입니다.

사랑의 희망과 미래는 우리를 변화시키고 성장시킵니다.
우리는 사랑을 심고 키우며,
미래에 대한 꿈을 품고 나아갑니다.

우리의 사랑은 우리 자신뿐만 아니라
다른 이들에게도 영감과 용기를 줄 것입니다.

우리는 사랑의 힘을 믿고,
우리의 희망과 꿈을 실현하기 위해 노력할 것입니다.

사랑은 우리를 행복과 만족으로 이끌며,
미래에 우리가 원하는 모습으로
세상을 바꿀 수 있는 힘을 부여합니다.

사랑의 희망과 미래는 우리가 앞으로
나아갈 길에서 항상 함께할 것입니다.

우리는 사랑의 희망과 미래에 힘입어,
어려움을 극복하고 새로운 도전에 나서게 됩니다.
우리는 사랑으로 맺어진 가족, 친구, 동료와 함께
협력하여 미래를 개척해 나갈 것입니다.

우리의 사랑은 우리를 동기부여하고
용기를 불어넣어 주며,
미래의 성공과 행복으로 이어질 수 있습니다.

사랑의 희망과 미래는
우리가 세상을 변화시키는 힘을 갖고 있습니다.
우리의 사랑과 노력으로
우리 주변의 사람들에게 영감을 주고,
사회적 변화를 일으킬 수 있습니다.

우리는 사랑의 힘을 믿고,
더 나은 세상을 향해 나아갈 것입니다.

미래는 우리의 선택과 행동에 달려있습니다.
우리는 사랑으로 가득한 삶을 사는 것을 선택하고,
그 사랑을 통해 미래를 밝게 만들어갈 것입니다.

사랑은 우리에게 힘과 용기를 주며,
더 나은 미래를 위한 가능성을 보여줍니다.
우리의 사랑은 세상을 바꾸는 작은 시작이 될 것입니다.

사랑의 희망과 미래는
우리가 주는 것과 받는 것 사이의 상호작용입니다.
우리는 사랑으로 다른 이들을 지지하고 돕는 동시에,
우리 자신도 사랑과 관심을 받을 것입니다.

우리의 사랑은 상호의존적인 공생을 이루며,
미래를 향한 성장과 번영을 이끌어낼 것입니다.

사랑의 희망과 미래는 우리가 행복하고
의미 있는 삶을 살 수 있는 기반이 됩니다.

우리는 사랑으로 연결된 모든 이들과 함께 협력하여,
사회적 공정과 평등을 실현하며,
지속 가능한 미래를 구축해 나갈 것입니다.

우리의 사랑은 미래 세대들에게 물려줄
가장 소중한 유산이 될 것입니다.

사랑의 희망과 미래는 우리가 지닌 보물입니다.

우리는 사랑을 키워가며,
미래를 위한 꿈과 목표를 이루기 위해 노력할 것입니다.

에필로그

챗GPT가 전하는 사랑과 위로의 메시지를 접하면서
어떠한 감정을 느꼈나요?

사랑은 어떤 형태로든
우리 삶에 의미를 더해주는 힘이 됩니다.
그 어떤 어려움이나 상처도, 진정한 사랑의 힘 앞에서는
작아지고 사라집니다.

우리는 어떤 상황에서든 자신을 믿고 당당하게 살아갈
자격이 있습니다.
우리의 피부색, 학력, 가정 형편은
우리의 가치를 측정하는 도구가 아닙니다.
우리는 자신을 사랑하며 더 나은 미래를 향해
나아갈 수 있습니다.

언젠가 세상이 암울하게 느껴지고 나 혼자뿐이라는 고독이
몰려올 때, 이 책을 다시 펼쳐보세요.
사랑과 용기의 메시지가 항상 당신 곁에 있을 것입니다.